北新地の門りょう

ナンバーワンキャバ嬢の仕事とお金と男のホンネ

ご存知やと思うけど

て、結婚しました。

※ウェディングドレスはフルオーダーで百万以上

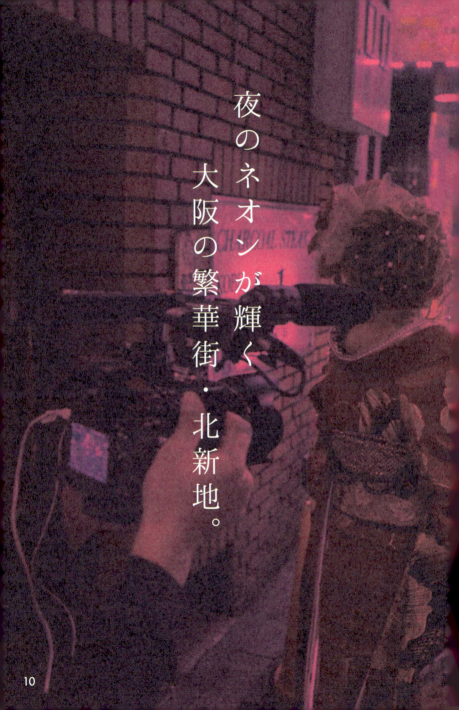

夜のネオンが輝く
大阪の繁華街・北新地。

私は、門りょう。
ひと呼んで「アルマンド姉さん」。

アルマンドとは、世界中のセレブたちが愛する最高級シャンパーニュ、アルマン・ド・ブリニャック。まさに、憧れのシャンパン。

ゴールド、ロゼ、レッド、シルバー、グリーン……。
値段によってラベルの色が変わる。ラベルの色を信号機に見立てた「アルマンド信号機」をそろえることが私の日常だった。
さらには、何百、何千万円というアルマンドのシャンパンタワーを打ち立てた。
「北新地の門という店のりょうというキャバ嬢がすごいらしい」
　関西だけではなく、噂が全国に広がった。
　あまりにも「門のりょう」と呼ばれるので「門」が名字のごとく定着して「門りょう」になった。

数々の高級店がひしめくなかで、
多くの企業社長や著名人が訪れる
「CLUB MON」。
キャバ嬢にとって
シャンパンタワーは栄誉の証。

北新地の
門りょう
ナンバーワンキャバ嬢の仕事とお金と男のホンネ

10 Prologue

20 誕生前夜 〜りょうから「門りょう」へ〜

26 *Chapter* 01 門のりょうってなにもんや

Ryo's word 01 マネしようと思っても無理やと思うな

Ryo's word 02 自分に甘いんで。ダイエットもしたことない。私は流れに身を
任せるって感じ。お金にならなくてしんどいことはしたくない

Ryo's word 03 本当はめっちゃ傷つきやすくて。だから、知りたくないんだと思う

Ryo's word 04 私は自分のことあんまり好きじゃないんですよね。
かわいいと思ったら、するべきだと思っちゃう

Ryo's word 05 仕事人間だから、ぜんぶ好き

Ryo's word 06 だれにも文句を言わさないぐらい頑張るしかないんとちゃう?

Ryo's word 07 やりたいことを叶える方法はいくらでもある。自分の力で、
絶対に幸せをつかみにいく

Ryo's word 08 だから本気でやらへんともったいない。貪欲に生きなさい

Ryo's word 09 (将来は)なにがどうなるかわからない。だから考えない

Ryo's word 10 メンヘラとかなったことないもん。1回も。恋愛で病まないし

Ryo's word 11 群れるのに興味がない

50 *Column 1* インスタは"第二の門りょう" **SNS世界観**

56 *Chapter* 02 ナンバーワンのおきて

Ryo's word 12 休んだら「もったいない!」って思ってしまう

Ryo's word 13 私自身が独学やから

Ryo's word 14 2か月でナンバーワンになってからは、
もっともっとという気持ちになったんわ

Ryo's word 15 なりたいと言っていても、できないことが多すぎるんとちゃう?

17

Ryu's word 16 わからん。でもやっぱり顔やん

Ryu's word 17 毎日、「新地に豪遊しにいくんや」って思っているから

Ryu's word 18 言ったからには絶対に戻らない。カッコ悪いじゃないですか

Ryu's word 19 1本に絞るべき。中途半端な気持ちでは無理

Ryu's word 20 ほんまに天才、天職だと思うんですよ

Ryu's word 21 お客さんも呼べへんみたいなスランプもないし。
見つけたいバーキンがないときとか? そういうときは泣くけど(笑)

Ryu's word 22 なんでもいちばんの物を身につけるってことかな

Ryu's word 23 私は嘘をつかない

82　*Column 2*　**北新地はこんな場所**

86　*Chapter*03　ナンバーワン営業術

Ryu's word 24 神戸は安いお客さんを自分の営業力で引っ張らないとアカン

Ryu's word 25 新地は言わないでも来てくれる、もうアイドルみたいなもんですよ

Ryu's word 26 ゴリゴリですね

Ryu's word 27 LINEはタダやから、損じゃないやん。私はめっちゃマメですね

Ryu's word 28 頑張っているのはわかるけど、露骨すぎてアカンやろ

Ryu's word 29 たとえば、「あ」って送る。そうすると、
相手も「え」ってなるやん。意味わからんけど気になるやん

Ryu's word 30 お客さんもお金を払わないと喋れないような子と
喋りたいと思うんですよ

Ryu's word 31 「こいつは他と違う(めっちゃカネかかるぞ)」って

Ryu's word 32 オーナーは儲からへんもん。プレイヤーのほうが稼げる

Ryu's word 33 「あれ、りょうの席でモエがおりてるで」って思われるほうが嫌

Ryu's word 34 飲みます。たくさん出るからそら飲まなアカン

110　*Column 3*　**りょうのテッパンフレーズ**
「何本入れる」「基本は敬語ですね」「その話興味ない、わからん」の裏

116　*Chapter*04　お金の使い方

Ryu's word 35 バーキンをふたつ買ったんですよ。1千ナンボするやつを

Ryu's word 36 ご飯とか、形に残らないものにお金を使うのが大嫌いで。
見栄っ張りだから

Ryou's word 37 損得勘定で動いてしまう。時間がもったいないとか判断する

Ryou's word 38 きちんと確定申告もしているし、27歳になってようやくブラックカードを作れたんです

Ryou's word 39 お金は幸せの素

128 Column 4 買ったもの、もらったもの

Chapter 05 男と客のさばき方

132

Ryou's word 40 ふれられるのが嫌だったん

Ryou's word 41 そのひとが「私を作ったひと」

Ryou's word 42 枕もぜんぜんしてましたね

Ryou's word 43 迷ったらリスクはとりにいく
3百〜4百万ぐらいだったと思う。ひと晩でつかってくれたら、まあ、その日はええよと

Ryou's word 44 イケると思わせておいて、いかせないという

Ryou's word 45 さわりかえしますね、ノリで。さわられた場所を

Ryou's word 46 ［イケてない男の条件］
自分にお金をかけるひとってケチ。飲み方も汚いひとが多い
［いい男の条件］
突き抜けた一流は地味。自分に物欲がない男

Ryou's word 47 （彼氏とのつきあいは）自分にとってなにが一番大事かってことなんよ

Ryou's word 48 なんも計算とかしないですもん

Ryou's word 49 言わせるかな。言ってきたのがいまの旦那

Ryou's word 50 絶対にカネ。将来性はどうだっていいと思っていたけど……

Ryou's word 51 嫌やったら別れろっていう

Ryou's word 52 フラれたことあるよ。でも、だれにフラれたか覚えていない

Ryou's word 53 というか、不倫ばっかり

Ryou's word 54 いらんことは知りたくない。否定しろって男には言う

Ryou's word 55 セックス好きじゃないもん

166 Column 5 門りょうの引き際の美学

172 りょうから女の子へのmessage

19

誕生前夜

The Birthday Eve

〜りょうから「門りょう」へ〜

　——1989年10月15日、私は神戸で生まれた。

　お母さんがオーナーママとして店を営んでいた。そこに客として訪れた男性がお父さんやった。

「結婚してほしい。だから水商売をあがってくれ」

　お母さんが水揚げされて、ふたりの間にできた子どもが私だった。いま考えると、まさに水商売のサラブレッドだったのかもしれん。

　とはいえ、私が生まれる前に水揚げされていたから、幼少期は夜の世界なんてまったく知らんかった。

　昔から男の子みたいな性格だった。いわゆる女の子らしい遊びはあまりした記憶がない。たとえば、リカちゃん人形のおもちゃで遊ぶとかではなく、ヒーローの変身ベルトをそろえているような。

　両親からは特にああしろ、こうしろと言われたことはない。本当に普通の家庭で、普通に育ててもらったと思う。そんな両親とは、いまでも非常に仲がいい。

　こうして私はすくすくと育っていった。

　とはいえ、特技もない、趣味もない。勉強もできなかったし、運動もできなかった。そして、ときが経ち、

商業高校に入った。

　ほぼ女子校で、男の子は9人しかいなかった。

　いまでこそアネゴ肌っぽく見られるけど、当時は本当に普通で。ぜんぜんそんなことなかったと思う。

　まわりの女の子はみんなギャル。私も同じようにギャルだった。まあ、なんでギャルをやっていたのかは自分でもよくわからない。

　部活とかもやらなかったけど、パラパラは踊っていたな。

　あとは家出したり、それなりの青春は過ごしたと思うけど(笑)。気づいたら、高校3年生になっていた。

　商業高校だから、基本的にはみんな就職を決めてから卒業する。

　みんなが就職活動をはじめるなか、私だけは卒業単位が危うくて。先生からも「将来はどうするんだ?」って聞かれたと思う。

　それでも先のことは考えないタイプだったから、特に焦りもなく。とはいえ、化粧品メーカーの美容部員になりたいという気持ちはあった。でも、出席日数が足りないならしゃあない。

　結局、なんとかギリギリで卒業はできたけど。学年でも就職が決まらないまま卒業したのは私だけだった。

卒業後、特にやりたいことが見つからなかった。そんなとき、知人に「バイト代がいいから」って誘われて、スナックで働くことになった。初めての水商売やけど、たんなるノリやった。

　特にほしいものがあったわけでもない。

　軽い気持ちではじめたスナックのバイトだったけど、2日で辞めちゃった。当時は、男のひとがほんま苦手で。

　初めてお客さんの煙草に火をつけるとき。おっさんが、私の手を引き寄せたんですよ。それが生理的に無理だったん。まあ、当時は18歳で若かったからね……。

　いまいちど、自分がやりたいことを考えてみた。

　そこで、改めて美容部員になりたいと思ったんだ。新卒では無理やったけど、それならば一般で受ければいいだけ。

　やるからには、トップじゃなきゃ嫌だ。資生堂に入りたい。

　使っているメイク道具もドラッグストアや100均とかで安く買うのではなく、きちんとデパートで買っていたから。

　資生堂がよかった理由は、いまでもハッキリと覚えている。美容業界でトップじゃないですか。資生堂って。

ほかのメーカーじゃ納得できない。

当時は「ぜんぶノリで」と思っていたし、まったく自覚がなかったけど、振り返ってみれば、昔から好きなことだけは、一番じゃなきゃダメだった。だから、美に対してもそうだったんだと思う。

一般で受ける資生堂の倍率は60倍。それでも美容業界のトップに入るためには、挑むしかない。

私は、見事に合格を勝ち取った。

泣いて喜んだはずなのに、現実はそう簡単にはいかなかった。

――その後、夢だった資生堂の美容部員を、たった3か月で退職することになる。

待っていたのは壮絶なイジメだった。

「あの新人、生意気じゃね？」

接客中にカウンターの下で先輩から足をずっと踏まれたり。あまりにも陰湿な嫌がらせが続いたせいで、店が閉店した瞬間に鼻血が出るようになった。朝、電車で通勤するときは、1つ手前の駅で吐いていた。ストレスで毎日。

いまだったらコンプライアンスの関係でそんなことはないんだろうけど。もう上下関係のしがらみやイジ

メはウンザリだった。

　だから、辞めた。夢は儚くも破れた。ただ、そのとき
はショックよりもスッキリした気持ちのほうが大きかった。

　私は再びプラプラとした生活に戻ってしまった。

　昼職は向いていないのかもしれない……。なにをす
るわけでもない日々を過ごしていたけど、どこかモヤ
モヤした気持ちがあった。

　そんなとき、知り合いから声をかけられた。

「三宮にキャバクラをオープンするんやけど、そこでキャ
バ嬢として働いてみないか?」

　あとで知ったんやけど、お父さんの知り合いだった。
当時、特にやりたいことがあったわけじゃないから、な
んとなく働いてみようと思った。実際のところ、深い理
由があったわけでもない。ただ、お母さんが元水商売
のひとやったから。反対はしなかったけど、そんな甘い
世界じゃないけどって。とはいえ、やりたいならやって
みたら? と賛成してくれて。

　以前、私はスナックで失敗している。男性に対して苦
手意識もある。水商売の洗礼を受けたとも言える。で
も、お母さんが背中を押してくれたから決意すること
ができた。

一方で、お父さんは大反対やった。まあ、水揚げして水商売を辞めさせた張本人やからな。とはいえ、お父さんの知人の店やったから。なんかあっても、ということで許してくれた。

　──こうして私のキャバ嬢人生がスタートした。なんでかわからんけど、いきなりナンバーワンになった。

　自分でもこの仕事に手応えを感じていた。いままでうまくいかなかったけど、この世界でなら、輝けるかもしれん。夢がどんどん叶っていくことで、さらにやりがいも大きくなっていった。
　私がナンバーワンになってからはお父さんも応援してくれるようになった。
　さらなるステージを求めて神戸から大阪の北新地へ移った。だれにも負けたくない。その一心で走り続けた。
　もはやアルマンドは仕事。ナンバーワンのプライドを胸に。

　この街で、私はりょうから「門りょう」になった。

門のりょうって なにもんや

Who is Mon Ryo?

北新地の門りょう。9年間に渡りナンバーワンを守り続けた伝説の夜の蝶だ。いまや全国のキャバ嬢たちにとって憧れの存在でもあるが、果たして彼女はなにを考え、生きてきたのか。ここに、その素顔をさらけ出す——。

マネしようと思っても
無理やと思うな

Ryo's word
01

勘違いしてほしくないのは、ナンバーワンにはなれたとしても、だれも「門りょう」には絶対になれへん。私は私、目指しても意味がない。マネしようと思っても無理やと思うな。そのうえで、目標設定は高くすることが重要だと言いたい。

　私が引退するときに、うちの社長がみんなの前で残してくれた言葉がある。

「この子（りょう）は、いま、口にしている目標と1年後になってる自分がまったく一緒やから」

　なりたい自分に、常になってる。私は、こうなりたいと思ったことを必ず叶えてきた。最後のバースデーのときでも「1億売ります」って宣言してた。言ったのにできひんかったら、めっちゃカッコ悪いやろ。だから、後輩キャバ嬢たちにもそうするようにって。

　まわりに言ってしまえば、頑張るしかアカンようになるやろ。自分にプレッシャーをかけて、やらないといけない状況に追い込むんや。

◆チャプター01◆ 門のりょうってなにもんや

自分に甘いんで。
ダイエットもしたことない。
私は流れに身を任せるって感じ。
お金にならなくて
しんどいことはしたくない

Ryo's word

02

仕事に対しては常に本気だけど、プライベートとか、それ以外にかんしては自分に甘いんで（笑）。

　5分以上は歩かない。つねにタクシー移動かな。すぐに乗ってしまうんやけど、月の総額は20万ぐらい。アフターでタクシー代としてもらった最高額は百万とかだけど。

　毎日お酒を飲んで。夜遅くまで働いて。健康のために歩いたり運動したほうがいい……とかもまったく思わへんな。

　いままでダイエットもしたことがない。みんな食事制限とかジョギングとか、しんどそうやなって。私は流れに身を任せるって感じ。

　増えたら増えた、減ったら減ったでええ。そのときの私が私。

　ぶっちゃけ、お金にならなくてしんどいことはしたくないんですよね。なんの得があるのって。

　そういうの一切やらんでもナンバーワンでいられた私って、やっぱり天才やから？

◆チャプター-01◆　門のりょうってなにもんや

本当はめっちゃ
傷つきやすくて。
だから、知りたくない
んだと思う

Ryo's word

03

私に対して、世間からはオラ営とか「何本?」みたいな"強い女"ってイメージがあると思う。でも、現実の自分は少し違っていて。

　実際にプライドが高いから強気な発言もたくさんするけど、本当はめっちゃ傷つきやすくて。

　たとえば、もしもつき合っている彼氏がいるとして、相手が9割の確率で浮気をしているなって気づいたとしても、残りの1割の証拠は絶対にとりにいかない。

　男が1週間とか家に帰ってこうへんかったりしたとき、心のなかでは「いま女とおるやろ」と思っても電話はかけへん。電話にでえへんかったらビンゴやん。

　浮気をされていると完全にわかってしまったら、傷つくのが目に見えている。だから、知りたくないんだと思う。

　いわゆる「門りょう」とのギャップに私自身も悩んだことがある。その裏側には傷つきやすい自分がおるから。

◆チャプター01◆　門のりょうってなにもんや

私は自分のこと
あんまり好きじゃ
ないんですよね。
かわいいと思ったら、
するべきだと思っちゃう

Ryo's word

04

　自分に自信があって、非の打ちどころがない。
　そんなふうに見えるって。んなわけないやん。私は自分のことあんまり好きじゃないんですよね。だからこその努力。
　整形もアリだと思っている。隠す必要もない。公言してる。
　完璧は無理でも、理想に近づけることはできる。自分に満足してたら整形なんてしなくない？
　がっつりいじったのは鼻ぐらいだから、そんなにお金はかけてないけど。何千万とかはいってない。
　ツイッターにも明日花キララさんといっしょに写って、「フルリフォームしたい」と書いたけど。次はあの顔にしたいなって。
　女の子たちから顔とか美容のことを相談されるけど、自分の容姿に悩むぐらいならやっちゃえよって。私はかわいいと思ったら、するべきだと思っちゃう。
　自分を好きになるためだったら、整形したってええやん。

◆チャプター-01◆ 門のりょうってなにもんや

仕事人間だから、ぜんぶ好き

Ryo's word
05

いろんな職業のひとがおる。

一般的には、仕事をするなかで「好きだからやること」と「仕事として割り切ってやること」があるとか言われているやろ。

そこをどう折り合いをつけるのか。

私は仕事人間だから、ぜんぶ好き。ときにはムカつくことだってあるけど、嫌とかではないな。負けず嫌いやから、どんなことがあってもぜんぶバネにしてお金に変えてきた自負がある。

買い物とかインスタもそうだけど、自分が勝手に好きでやっている行動が、すべてキャバ嬢の仕事にもつながっていて。「どんだけキャバ嬢に向いているんだよオレ」って自分でも思うけど。

休日で寝ているとき以外はすべてキャバ嬢の仕事。

まあ、寝て休むことも仕事のうちって考えたら、24時間365日ずっと働いていたのかもね（笑）。

◆チャプター01◆　門のりょうってなにもんや

だれにも文句を
言わさないぐらい
頑張るしかないんとちゃう？

Ryo's word
06

よくドラマやマンガで、キャバ嬢同士のドロドロとか
イジメ、裏でお互いの悪口を言い合ったり、足の引っぱ
りあいとか描かれているけど。知らない。まったく知ら
ない。見たことない。

　キャバクラの仕事をはじめたばかりの神戸でも、新
店だから全員よーいドンでスタートして。すぐにナンバー
ワンになった。

　その後も私がいちばん上やったから、逆らってくる
やつなんてだれもおらへんかった。

　とはいえ、水面下では陰湿なイジメとかもあるのか
もしれん。

　もしもイジメにあっていてそれが嫌だったら、だれに
も文句を言わさないぐらい頑張るしかないんとちゃう?

　キャバクラって数字がすべてやから。これほどわかり
やすい世界はない。店だって売り上げを出すほうのキャ
バ嬢を守ってくれるやろ。

　とにかく、結果を残すようにやるしかないねん。

◆チャプター01◆ 門のりょうってなにもんや

やりたいことを叶える
方法はいくらでもある。
自分の力で、
絶対に幸せをつかみにいく

Ryo's word

07

「好きなことを仕事にしたい。でもどうやったらいいのかわからない」。いや、やりたいことを叶える方法はいくらでもあるやろ。

　たとえば私は高校時代、化粧品メーカーで美容部員になりたいと思っていた。でも出席日数が足りなくて、新卒では入れなかった。

　とはいえ、なんとかなるやろうって。一般で受ければいいだけの話やん。そこから一発逆転で、美容業界トップの資生堂に入社した。

　私はもう夜職は辞めて結婚したけど、ドレスショップのプロデュースとかもやっている。基本的には自分の好きなドレスばかりを集めている感じだから、偏っているとは思うけど。

　女の子それぞれの見せたいところが活きるドレスを着てほしいと思って。脚が長い子やったら、脚がきれいに見えるやつとか。おっぱいが大きい子なら胸元が開いたやつとか。

　もしも将来、稼げなくなったらどうするのか。そのときは、また自分の力でなんとかします。自分の力で、絶対に幸せをつかみにいく。

だから本気でやらへんと
もったいない。
貪欲に生きなさい

Ryo's word
08

　後輩たち、全国のこれからのキャバ嬢たちにはこう言いたい。

「貪欲(どんよく)に生きなさい」

　他人より良い生活がしたい。セレブになりたい。有名になりたい。夢はなんでもいいけど、キャバ嬢やったら叶えられる可能性がある。

　しかも、昼職よりも給料が高くて、女も磨ける。昼職だったら、化粧や髪型、ネイルにも制限がかかるやん。

　いろんな仕事があるなかで、キャバ嬢だけなんとちゃうか。たくさんのひとに見てもらえる。たくさんの出会いもある。

　その代わり、寿命も短い。そんなに長くは続けられん。お酒はおいしいけど、毎日飲んでいたら体力的にもキツいから。やっぱり若いほうがウケもいいし。

　だから、本気でやらへんともったいない。適当にやってたらアカン。この時間を無駄にはしないこと。

◆チャプター01◆ 門のりょうってなにもんや

（将来は）なにが
どうなるかわからない。
だから考えない

Ryo's word
09

　基本的には、そんなに先のことって考えないんですよ。
　だいたいノリで決めてきた。高校卒業のための単位が危ぶまれていたときも先生からは「就職どうするんだ」って心配されたと思う。商業高校だったんで、ほとんどのひとが進路を決めていたから。
　美容部員になりたい気持ちはあったけど、まったく焦っていなかった。その後、夢だった美容部員に自力でなれたわけだけど、イジメが原因で3か月ぐらいで辞めちゃった。
　とはいえ、ショックでもなんでもなかった。そのときは本当に辞めたかったから。むしろスッキリしたぐらいで。
　ひとつの夢に対して区切りができた、と。
　そして、なんとなく次に向かった夜の世界でアルマンド本数の日本一になって、いまに至るわけやけど。振り返ってみても、ほとんど目の前のことだけで生きてきた。
　結局、なにがどうなるかわからない。だから考えない。

◆チャプター-01◆　門のりょうってなにもんや

メンヘラとか
なったことないもん。
1回も。
恋愛で病まないし

Ryo's word
10

本当に謎。多いですよね。メンヘラになってるキャバ嬢。私はメンヘラとかなったことないもん。1回も。まず、恋愛で病まないし。

　というか、バーキンやダイヤの指輪がほしいとか目標があって、そのために頑張って、働いて、お金を稼いで。また次の目標ができて。

　それを繰り返していたら、メンヘラになってるヒマなんてないんよ。たぶん、メンヘラになる子って、考えても仕方がないことをひたすら無限ループで難しく考えているんとちゃう?

　考えているうちにグルグルと一周まわって、またスタート地点に戻る。なんか疲れそうやな(笑)。

　でも現実は考えたところでなにも変わっていない。そこから一歩も進んでいないやろ。だったら最初から悩まないほうがいい。

　それよりもなんかほしいものとか見つけて、手に入れたときのことを考えて、ウキウキしていたほうが人生は絶対に楽しい。

群れるのに興味がない

Ryo's word

11

私は、完全に一匹狼で生きてきた。

　女の子ってすぐに群れたり、徒党を組みたがるんだけど。

　群れるのに興味がない。もちろん、私も仲の良い女の子はおる。でも、必要以上に群れたりしてなんの得があるのって思う。

　みんなでいると安心するから?

　相手に合わせたりするのもめんどくさい。集団でいると、だれかがこう言ったからこうするとか、こうしないとか。ぜんぶ自分がやりたいようにやりゃええんとちゃうのか。

　そして、その群れている時間がまったくお金にもつながらんでしょ。神戸から北新地にひとりで出て来て、ほかの女の子には負けないようにって意識が強かったこともある。

　だから、ひとりでいるほうが断然ラクなんですよね。昔から男っぽい性格だったし。

チャプター01 ◆ 門のりょうってなにもんや

Column 1

インスタは"第二の門りょう"
SNS世界観

　いくつかSNSがあるなかで、私が主に使っているのはインスタとツイッターかな。

　普通に趣味で始めたインスタやけど、私の世界観をみんなに知ってもらうために重要なツールだと思っている。

　最初はとにかく好きなものだけを感覚でのせていった。そしたらみんなが「すごい」って騒ぐようになった。

　その結果、20万人以上のフォロワーがいるけど、ぶっちゃけファンの9割は女の子。コメントを見たらそれがわかる。

　いまではライブ動画配信をすれば、20分ぐらいの間でも7万人ぐらいの視聴者が集まるようになった。

　インスタは"第二の門りょう"。もはや「門りょう」そのものやと言っても過言ではない。

　一方で、ツイッターは本心とか本音を気楽に書いているだけ。だから、ツイッターのほうがなんでものせるかな。

　そういえば、前から私のお客さんだった某お笑い芸

人の方を本人の了承のもとSNSにのせたら、炎上しちゃって。

　検索の予測ワードに「りょう」って出てきたな（笑）。

　向こうも私がそんなに影響力があるとは思わなかったみたいで驚いていたけど。

　ツイッターはあんまり細かいことを気にしないけど、インスタのほうは自分でもこだわりがあって。

　見栄えを気にしてしまう。当初はブランディングとかもまったく意識していなかったけど、いまではいくつかのルールがあると思う。

　「門りょう」の世界観を崩したくないからね。

　いままで自分ではそこまで深く考えたこともなかったけど。まあ、今回はせっかくの機会なので。

　改めてどんなことを意識してインスタをやっているのか書いてみたいと思う。

ルール①高いものしかのせない

ルール②自慢できることしかのせない

ルール③バブリーな世界で統一

ルール④誹謗中傷は無視

もともとブランド物が好きで、ひとよりも良いモノを
身につけたいと思っていた。だから、高いモノや自慢
できるモノばかりをインスタにのせていた。バブリー
な世界でタイムラインを統一する。

　とはいえ、ほんまに欲しいからバーキンとかダイヤ
を買っていたから。インスタのためってわけでもなくて。
欲しいモノを見つけて、それのために働いて、ようやく
買ったモノをみんなに自慢したいからインスタにのせる。
そのループやねんな。

　それを自分で勝手にやっていたら、みんなが「すご
いキャバ嬢がおる」と。なんか知らんけどフォロワーが
増えていった。

　「門りょう」の世界を演出するために、基本的に金目
のモノだけのせるようにしている。だから、昼に食べた
ラーメンがおいしくても絶対にのせない（笑）。

　実際そのおかげで「門りょうと飲むためにはめっちゃ
カネかかるぞ！」って思われるようになったから、自然と
安客が寄りつかなくなった。ファンかお金持ちのお客
さんしか来なくなったからね。いま思うと、セルフブラ

Column 1
インスタは
"第二の門りょう"
SNS世界観

ンディングをしていたんだと思う。

　安い女には見せたくなかったから。

　あと、SNSはだれでも自由にコメントが書けるから、基本的な心構えとしては、自分に対するアンチは無視します。SNSで発信している以上は、誹謗中傷があっても仕方がないこと。別に嫌ではない。
(※たまに反論することもありますが……)

　インスタのコメントにもわざと嫌がるようなことを書いてくるひとたちがいるけど、ファンの子たちが代わりに喧嘩してくれるんですよね。嫌がらせ以上に、ファンが全員で守ってくれるから。

　みんないつもありがとう♥

Instagram「@rio19891015」より

Column 1

インスタは
"第二の門りょう"
SNS世界観

Chapter 02

ナンバーワンのおきて

No.1 Rules

浮き沈みの激しい水商売の世界。ナンバーワンであり続けるためには、どれだけの努力や困難に立ち向かわなければならないことか。想像に難しくない。「門りょう」たる所以は、彼女のなかに秘められたそのおきてにある。

休んだら
「もったいない！」って
思ってしまう

Ryo's word
12

　私は、キャバ嬢として夜の世界に入ってから9年間、どんなことがあっても店に出勤するようにしてきた。プロとして、絶対に休むわけにはいかへんもん。

　一方で、ちょっと売れてきたらすぐに休んでしまう"勘違いキャバ嬢"が本当に多い。たしかに、売り上げが良ければそれだけ店からの扱いも優遇されるんやけど、だんだん欠勤が増えていったり、調子に乗っているんとちゃうかな。そんな子が、すぐにいろんなひとに迷惑をかけて落ちていく姿を見てきた。だらしないなって。

　たとえ、風邪を引いて体調が悪くても二日酔いがひどくてもなんとかしてお店まで向かう。だって、私が休んでいるときにお客さんが来たらどうするの?

　相手に対して失礼ってことはもちろんやけど。いや、それ以上に自分のお給料が減ってしまうことがありえへん。お金は大事。1日でも休んだら損失。

　ほんまにもったいない!

◆ チャプター02 ◆ ナンバーワンのおきて

私自身が独学やから

Ryo's word

13

23歳で神戸から北新地に乗り込んできた。もちろん、こっちには自分のお客さんなんてだれひとりおらんかった。でも、最初の店で初月からナンバーワンになれた……。

　私自身が独学やから。"黒髪の清楚系が売れる"。それが北新地の教科書みたいなところはあって、まわりは落ち着いているキャバ嬢ばかり。そんななか、私だけギャルだった。日サロもいきまくっていたし、金髪だったし、ガングロみたいな。だから、みんなが口を揃えてこう言ったんよ。

「それじゃ北新地では絶対に通用せえへん」

　髪も肌も普通に戻せって。それが悔しくて。たしかに、まわりからは浮いていたと思う。別に戻してもよかったんやけど、めちゃめちゃ負けず嫌いやから。そう言われたことがムカついたから、あえて自分を貫いてナンバーワンをとってやろうって。この世界は結果がすべてやから。いちばんになってからは、なんも言われなくなったよ。

◆ チャプター02 ◆ ナンバーワンのおきて

2か月でナンバーワンになってからは、もっともっとという気持ちになったんわ

Ryo's word
14

振り返ってみれば、神戸でキャバ嬢を始めたばかり
の駆け出しだった頃、特に大きな夢があったわけでも
ない。最初は右も左もわからんかった。それでも、たっ
た2か月でナンバーワンになった。そこからかな。もっ
ともっとという気持ちになったんわ。

　絶対にナンバーワンから落ちたくないという思いが
芽生えて。ほかの女の子には負けたくない……。それ
で、休まずに出勤するようになって。とにかく無我夢中
で頑張った。

　19歳でシャンパンタワーとかやってたもん。モエや
けど。新地の『CLUB MON（門）』に比べたら全然安
い。それでもリシャールやピンドンを10本おろしたり、
神戸のキャバクラ界隈では異例のことだったから、当
時は伝説になっていたと思う。

　実際、結果を残せばそれだけお金もついてくること
がわかって。バースデーとかイベントがないときは平
均月収50万ぐらいしかなかったけど、さらに上を目指
そうって目標が出てきたん。

◆チャプター02◆ナンバーワンのおきて

63

なりたいと言っていても、
できないことが
多すぎるんとちゃう？

Ryo's word
15

私がこの世界で知られるようになってから、たまに「私もナンバーワンになりたいんです」って相談しにくる子がおる。でも、口ではそう言っている子に限ってできないことが多すぎるんとちゃう？

　ぶっちゃけ、なれるよ。なんでもやったらね。

　たとえば、容姿が気に入らないなら、整形したらええ。どうしても勝ちたいライバルがいるなら、蹴落としたってええ。どうしても太客からお金を引っ張りたいなら、枕営業だってしたらええ。

　方法なんていくらでもあるから。ナンバーワンを口にするなら、いくらでもキャバ嬢がいるなかで、なりふりかまってなんていられないでしょ。それができないから、ダメなんとちゃうかな。

　それこそ「りょうさんみたいに有名になりたい」とか「店をもちたい」とか、こうなりたいという目標はあっても、それに対する行動が伴っていない女の子ばかり。もちろん、仕事がダルくて当日欠勤しまくったりとか、そんなんは論外や。

◆チャプター02◆ ナンバーワンのおきて

わからん。でもやっぱり顔やん

夜職ほぼ未経験から、たった2か月でナンバーワンに
なれた。なんでかってよく聞かれるけど。

　わからん。でもやっぱり顔やん（笑）。

　まあ、そんときからまわりに比べて自分でもイケて
たと思うけど。神戸は北新地みたいにランクの高い店
はないし、接客レベルもそうでもない。どちらかといえ
ば安く飲みたいお客さんが多い。

　そう考えると、結局お客さんがどういう基準で女の
子を選ぶのかといえば、見た目しか判断材料がないん
とちゃう？

　最初に顔で負けてしまったら、次のチャンスはなかな
かこない。だから、キャバ嬢にとって美容とか自分磨き
は重要やと思う。とはいえ、どうやって安キャバでシャ
ンパンタワーまでもちこんだのかといえば、自分から
お客さんにお願いしてたけどな。

　18歳から23歳までの5年間、そこでナンバーワンに
なれたから自信もついた。手応えを感じて北新地を目
指そうって思えたんやけど。

◆チャプター02◆ナンバーワンのおきて

毎日、
「新地に豪遊しにいくんや」
って思っているから

Ryo's word
17

仕事に行くのが嫌になったことなんて一度もないわ。よく連休明けとかに「だるい」とか聞くけど、その気持ちがまったく理解できへん。なんでかって？

　私は毎日、「新地に豪遊しにいくんや」って思っているから。

　綺麗なドレスでオシャレして、ばっちりメイクして、髪型もセットして。今日もたっかいシャンパン飲みにいくんやって。

　だって、同じことでしょう。同じ空間で同じお酒を飲んでいる。お客さんも、キャバ嬢も。普通ならば自分がお金を払ってやることを、お金をもらいながらできる幸せ……。

　そう考えたら、ぜんぜんこの仕事は苦にならない。むしろ仕事って思うから嫌になるねん。要するに、意識の持ち方。

　お金をもらいながら豪遊できるなんて、最高すぎるやろ。だから世の中にキャバ嬢ほど楽しい職業はないと思っている。

◆チャプター02◆ ナンバーワンのおきて

言ったからには
絶対に戻らない。
カッコ悪いじゃないですか

Ryo's word
18

自分が一番輝いたときに、輝いた状態のまま、この世界を去りたいとは昔から思っていた。

　この仕事が好き。大好き。なかにはすぐに戻ってくると思っているひともいるかもしれない。でも、言ったからには絶対に戻らない。それはカッコ悪いじゃないですか。

　自分の発言は死んでも曲げない。そうやってプライドを守りながら生きてきたからね。

　まあ、私だけやと思うけど。こんなにナンバーワンにこだわっているのは。プライドがない子だったら、ナンバーワンから落ちたって年収1千万ぐらいなら稼げちゃうから。そこから段々と落ちていくけど、のらりくらりと続けようと思えばできなくもない。

　そりゃ、お金が第一だった自分からすると、もったいないと思うことはあるよ。でもプライドのほうが大事だったんだって自分でも気づいた。だから、絶対に戻らない。

◆チャプター02◆ ナンバーワンのおきて

1本に絞るべき。中途半端な気持ちでは無理

最近は、学生とかほかの職業と掛け持ちしながらキャバ嬢やっとる子も増えたと思う。それだけこの仕事が一般世間の若い子たちにも認められてきたってことやん。とはいえ、そのぶん中途半端な気持ちでやってる子も多いように感じるな。

　本当にナンバーワンを目指すのであれば、その前にまずは1本に絞るべきなんとちゃう?

　中途半端なまま終わってもええんなら、なんも言わん。私は、ずっとキャバ嬢の仕事だけに向き合ってきたけど、夜の世界はそんなに甘くない。1本に絞るべき。中途半端な気持ちでは無理。

　むしろ、そんなふわっとした感じでお客さんと向き合うくらいなら辞めちまえって(笑)。それは冗談やけど、そのぐらいの覚悟で一生懸命やれってことかな。そしたらきっと、お客さんやまわりのひとたちも認めてくれるようになるんとちゃう?

ほんまに天才、
天職だと思うんですよ

最初にキャバ嬢を始めたのが18歳の頃。そこから9年間、一度もナンバーワンから落ちたことがない。

　だから、自分でもほんまに天才、天職だと思うんですよ。だれかのマネをしたこともないし、他人よりもすごいことをやっているつもりもない。たまたま、すべての行動がこの世界で当たってきた。夜職にありがちな戦略とかめんどくさいのはよくわからん。全部、感覚なんですよね。それをみんなが勝手に騒いでいるんやけど。もう、わけがわからん（笑）。

　とはいえ、自分でも"運"はめちゃくちゃもっていると思う。別に神様とかは信じてないけど、気づいたらまわりにもそういうひとたちが自然と集まって来て。本当に助けられたなって。

　確かなことは、昔からとにかく負けず嫌いやった。自分自身のプライドを守るためならなんだって努力してきた。それがナンバーワンで居続けられた理由かな。根拠のない自信かもしれへんけど。それだけ努力したな。

◆チャプター02◆ナンバーワンのおきて

お客さんも呼べへん
みたいなスランプもないし。
見つけたいバーキンが
ないときとか？
そういうときは泣くけど（笑）

Ryo's word
21

私は悩むことが全然ないから「りょうちゃんはつねに前向きだよね」って言われる。まあ、お客さんを呼べへんみたいなスランプもないし。この仕事においてはできへんことがない。全部できてしまうから。ウジウジしとるひとの気持ちがまったく理解できへん。

　え、見つけたいバーキンがないときとか？　そういうときは泣くけど（笑）。

　お気に入りのバーキンは6年かかって、やっと見つけたんよ。値段は9百万円。もはや執念ですね。欲しいと思ったものは必ず手に入れるし、そのために頑張れる。

　というか、自分で努力してどうにかなるものに対してはとことんやるけど。一方で、どうにもならないことに対してはすぐに割り切る。

　たぶん、割り切るの、めっちゃ早いと思う。だから、そもそも悩むことがないのかもしれへんな。

チャプター02　ナンバーワンのおきて

なんでもいちばんの物を
身につけるってことかな

水商売をやっているひとはもちろん、ビジネスマンや経営者のなかにはジンクスやゲン担ぎとか、そういうことを気にするひとも多いと思う。まわりから聞かれることもあって。まあ、私自身はあんまり気にしたことないけど（笑）。

　しいてあげるとするならば、なんでもいちばんの物を身につけるってことかな。

　大好きなバーキンのバッグとかハリー・ウィンストンのアクセサリーもそう。やっぱり本物を身につけると気分もアガるやん。そして、また頑張ろうって気持ちにもなるから。

　とにかく、なんでもナンバーワンが好きなんよ。中途半端なブランドはダサいし、絶対に嫌や。普段の私生活のなかでもそこだけは意識しているかな。

◆チャプター02◆ ナンバーワンのおきて

私は嘘をつかない

Ryo's word

23

キャバ嬢って基本的に嘘をつく生き物やんか。だから、私は嘘をつかない。

　たとえば、キャバ嬢をやっていたら彼氏がいるのか聞かれることはしょっちゅうやと思う。どう答えるべきか。私は、いるなら普通に「いる」と返す。ラストバースデーの日を迎える前も、「なんでキャバ嬢を辞めるの?」って聞かれた。いちばんのまま辞めたいってことはもちろん、「結婚するから」ってことも答えていたよ。

　そしたら、みんなも「おめでとう」って。あんなにお金を使ってもらえた。私と結婚するのがどんな男か興味津々の様子だったけど。

　ぶっちゃけ、お客さんもキャバ嬢の見え透いた嘘に飽きているんよ。本人も嘘に嘘を重ねて、自分でもなにがなんだかわからなくなっているやん。だから、ありのままでいるのがええよ。

◆チャプター02◆ ナンバーワンのおきて

Column 2

北新地はこんな場所

北新地はキャバクラ激戦区・大阪のなかでも特に高級店が揃う街。

言うまでもなく、そこで働くキャバ嬢は接客や容姿のレベルも総じて高い。私が最初に働いていたのは地元・神戸の三宮。基本的には安くて、そこまでレベルが高いとは言えなかった。

私も含めて、関西の地方で人気になった子たちが、より良い条件や次のステップを求めて北新地を目指した。

北新地は東京でたとえるなら、銀座とか六本木みたいな感じ?

とはいえ、北新地って独特なんですよね。やっぱり東京のお客さんってスマートな飲み方をするひとが多い印象。ほんまにお金をもっているひとがキープボトルで帰っていったりとか。

一方で、北新地のお客さんはとにかくお酒をたくさん飲む。全体的にお金をもっているひとばかりやけど、見栄っ張りは多いよね。悪い意味でも見栄で成り立っている街やから。東京ではこんなにシャンパンとか抜きものなんて出えへんやろ。

私が神戸から出てきたときもバンバン抜きものが出ることに驚いた。まあ、派手に見えるからね。ほかの地方のキャバクラとかも見てきたけど、抜きものにかんしては新地だけやと思った。

　まさに豪遊。お客さんがお酒を飲むから、キャバ嬢もたくさん飲めないとアカン。飲んで盛り上げられる子じゃないとココでは厳しいかな。おかげで肝臓の数値とかカラダはボロボロやけど（笑）。

　大阪でもエリアによって値段が全然レベルがちゃうから。普通の営業マン同士だったら安く飲める梅田とかミナミに行く。北新地は社長や経営者、サラリーマンでも上場企業の社員で経費がそれなりに使えるひとしかおらへん。テレビに出ているタレントや有名人も多くて。とにかく、いろんなタイプのお客さんが遊びに来るから、キャバ嬢にも対応できる器量がないとアカン。

　そんなハイクラスなひとたちにとって「大阪で遊びに行くなら北新地」、さらに言うなら「MONに行けば間違いない」というイメージがあるみたい。

別格のお客さんには、ナンバーワンが自動的につく
ことになる。だから彼らとは自然と仲良くなって、どん
どん人脈とかチャンスが広がっていく。ナンバーワン
になると、いろんなところから声がかかるようになるん
やけど。そこから、5店舗目で「CLUB MON」に入った。

　もちろん、そのまま自分のお客さんも連れていく。
実際にこの街では、引き抜きも珍しくない。お金を多
く出したほうが正しい。給料を出したもん勝ち。だか
ら文句を言われたりはしない。

　とにかくお金の条件がいいところを選んできた。ど
こでもよかったんですよ。「CLUB MON」の綾田社長
に出会うまではね。

　私が働きやすいように本当に考えてサポートしてく
れた。ただのキャバ嬢だった私が「門りょう」になれた。
それは、この店があってのことやと思っているんだけど。

　有名店が集う北新地のなかでも「CLUB MON」は関
西や大阪だけでなく、全国区でも有名な店になった。私
も一生懸命に働いて、お互いに高め合ってきたと思う。

Column 2
北新地は
こんな場所

　2017年10月14日、私が引退するときに綾田社長が突然こう言ったんよ。
「りょうちゃんの引退の日に、MON（門）を閉めるよ」

　驚いた。でも、それでは私が辞めたから店が潰れたと思われてしまうのではないか……。
「りょうちゃんのいないMON（門）は門じゃない」
　正直、複雑な気持ちやったけど、最後の幕引きまでつき合ってくれて。その気づかいに初めて人前で号泣したかも。だから、とにかく恩義を感じていて。若かった頃はお金がすべての街やと思っていたけど、実際はそうでもない。義理や人情。社長や旦那と出会った。人生が変わった。私のすべてが詰まっている街。それが北新地。

ナンバーワン
営業術

Operating method of No.1

ナンバーワンのキャバ嬢として、彼女が実際にどのような営業や接客をおこなってきたのか。気になるところではないか。門りょう自身は「ノリと直感だけ」というが、じつは日々のなかで研ぎすまされてきた営業術があった。

神戸は安いお客さんを自分の営業力で引っ張らないとアカン

Ryo's word 24

地元の神戸がキャバ嬢としての出発点やったけど、北新地よりもぜんぜん苦労したかな。

　神戸は安いお客さんを自分の営業力で引っ張らないとアカン。

　土地柄ってあるやん。神戸は安く飲みに行く場所。大阪に比べて規模も小さい店ばかり。だから、基本的にはたまにしかキャバクラに行かないようなひとしかおらん。

　たくさんのお金を定期的に使ってくれるような社長や役員クラス、経費をにぎっているような営業マンはまれで、どんなひとでも相手にせな。たとえば、普通のサラリーマンがフリーでワンセットだけふらっと飲みに来たり、なかには遊び慣れていない大学生まで……。

　要するに、一般人が安く飲める繁華街。お客さんも有名人でもなんでもないキャバ嬢と思ってナメてかかってくるから。

　そんななかで、ほっといたら毎日なんて絶対に来てもらえへん。どうしたら指名をもらえるのか。とにかく営業とかやれることはなんでもせな。頑張って頑張って、ようやく来てもらえる感じかな。

◆チャプター03◆ナンバーワン営業術

新地は言わないでも
来てくれる、
もうアイドルみたいな
もんですよ

Ryo's word
25

　北新地に来てからは環境が一変。まあ、たった1か月でナンバーワンになったんやけど。まずは、お客さん。

　外で労働するひとや普通の営業マン同士が大阪で安く飲みに行くなら梅田とかミナミに行くやろ。そこで勝手に選別されるから。

　わけのわからんお客さんは北新地には来ない。そもそも安いお客さんがいないぶん、めっちゃラクになった。ほとんどが社長や有名人・タレント。サラリーマンにしても上場企業とかで経費がそれなりに使えるひとやし。それも毎日飲み歩いているような。

　だから、新地は言わないでも来てくれる。

　4店舗を経て、そこから「CLUB MON」に入って。"アルマンド姉さん"って呼ばれるようになってからはさらに変わったかな。

　ぶっちゃけ、ここ2〜3年はろくに営業なんてしとらん。いちど有名になったら、勝手にお客さんが会いに来てくれる。

　もうアイドルみたいなもんですよ（笑）。

◆チャプター03◆ナンバーワン営業術

ゴリゴリですね

Ryo's word
26

　ナンバーワンから落ちそうになったこともあるよ。そんなときはどうするかって？
　もうゴリゴリですね。
　お客さんに営業して助けてもらうんやけど。「なんぼ足りひん」って具体的な数字を伝えて、もって来てもらう。
　まあ、そんなことめったにないんやけど、普段はそんなこと言わへんからこそ、なおさら助けてくれる。
　私のお客さんは、信頼できるひとしかおらんから。絶対に来てくれる。お客さんとしても私をナンバーワンから落としたくないから。
　もしも、私がナンバーワンじゃなくなってしまったら、せっかく、その月に使ったぶんのお金がぜんぶムダになるやん。
「門りょうはナンバーワンであるべき」が合い言葉。
　そうやって自然とチームができあがっていったんやけど、もはや組合みたいなもんですかね。

◆チャプター03◆ナンバーワン営業術

LINEはタダやから、損じゃないやん。私はめっちゃマメですね

Ryo's word

27

　基本的にマメな性格でもない。「門りょう」になってからは、自分からは営業しなくなった。もちろん、お客さんから連絡が来たぶんは、ソッコー返すけどね。

　それ以前の話、細客や枝客の相手も絶対にせなアカン。たとえ細客とわかっていてもLINEはしてたかな。店に来てくれたらラッキーぐらいな。

　だって、LINEはタダやから、損じゃないやん。

　細くても1万や2万にはなる。それをどうにかして引っ張ろうとは思わないけど。

　たまたまフリーで来店したひとや連れの枝客もそう。ほんまに安そうと思っても、その日はぜんぜんお金を使わなくても。とにかく全員の連絡先は聞いていた。とりあえず、ね。

　マメな性格ではないんやけど。ああ、そのへん、私はめっちゃマメですね。

◆チャプター03◆ナンバーワン営業術

95

頑張っているのは
わかるけど、
露骨すぎてアカンやろ

Ryo's word
28

お客さんにとって、キャバクラって行きたいときに行くもんなんよ。そういう場所。あくまで気分。それを忘れちゃいけない。

　だから、しつこくLINEはしないこと。

　悪い意味で「このキャバ嬢はヤバい」ってお客さんから聞くのは、勝手に自分のことばかり報告してくる女。なんにも連絡を返していないのに、たとえば、「今日はどこどこに行ったよ」とか「なになにを食べたよ」とか、ていねいに写メまで送りつけてくる。

　いきなりそんなん大量に送られて来ても迷惑メールといっしょ。むしろ逆効果で拒否したくなるやろ。そのうち既読スルーで終わりや。

　どうでもいいことで次々とトーク画面が埋められていくのはお客さんにとって恐怖でしかない。

　頑張っているのはわかるけど、露骨すぎてアカンやろ。

　お客さんは引いちゃうから。だから、完全放置はダメだけど、自分が"忘れられん程度"でええんちゃう?

たとえば、「あ」って送る。
そうすると、
相手も「え」ってなるやん。
意味わからんけど
気になるやん

　じゃあ、"忘れられん程度"のLINEとは、なにか。

　たとえば、「あ」って送る。そうすると、相手も「え」ってなるやん。意味わからんけど、なんか気になるやん。

　それで、久しぶりに店まで来てくれて「あの意味なんだったの?」って話題のネタになったこともある。

　私としては、たんなる生存確認なんですけどね(笑)。

　別に営業メールのつもりもない。だって、向こうは私に興味があるわけじゃないやん。興味があれば向こうからばんばんLINEしてくるわけやから。そんな相手にいきなり写メを送るのも違う。

　だから、空回りしちゃってるキャバ嬢はめっちゃ多い。向こうもLINEでやりとりするタイミングってあると思うから。

　あとは、ちょこちょこプロフィール画像を変えるくらいかな。たとえ気に入っている画像でも、あえて定期的に変えていた。画像が変わったら気になるでしょ。顔見てもらえるでしょ。

◆チャプター03◆ナンバーワン営業術

お客さんもお金を
払わないと喋れないような子と
喋りたいと思うんですよ

Ryo's word
30

有名人でも芸能人でもない、そのへんにいる女の子にどんだけお金を使えるのかって話なんですよ。

　普通に考えて無理じゃないですか。キャバクラに来てまで。

　やっぱり、わざわざ高いお金を払うなら、お客さんも「お金を払わないと喋れないような子」と喋りたいと思うんですよ。

　だから、最初はちょっと無理してでも良いモノばかりを身につけるか、あるいは、まったくなんも身につけないで素朴な感じでいくか。言い換えると、中途半端な見た目＝そのへんにいる女の子だから。

　実際のところ、そういう子が9割ちゃうか。

　彼女たちを見ていると、「どっちで売るの?」って疑問に思ってしまう。ちょこちょこハリー（ウィンストン）を買ったり、安っぽいモノばかり身につけるぐらいなら、まったくなにもつけないほうがいい。

　そしたら、お客さんも「自分が買ってあげようか?」って気持ちになるんじゃないかな。

「こいつは他と違う（めっちゃカネかかるぞ）」って

Ryo's word

31

私はプライドがめっちゃ高いし、他人よりも良いモノ
を身につけたいタイプだったから。

　まわりの女の子たちには憧れられていたと思うし、
男のひとからも一歩引いた目で見てもらえたのかな。
「こいつは他と違う（めっちゃカネかかるぞ）」って。

　そうやって、門りょうのイメージが少しずつできあがっ
ていった。

　お客さんも「りょうちゃんに会うんだったら3百万ぐら
いは当たり前」だと思っていたんじゃないかな。

　でも、それは私が決めたことではなくて、勝手にお客
さんのなかでルールが生まれていったんやけど。

　そのへんにいる女にそこまでは払えないでしょ。こっ
ちもお金の払いがいのある女じゃないと。

　結果的には、安客が自然と寄りつかなくなったし、大
事なお客さんだけが残っていったのかな。

◆チャプター03◆ ナンバーワン営業術

オーナーは儲からへんもん。プレイヤーのほうが稼げる

引退を発表してから、次はなにをやるのか聞かれる。違った形でのビジネス。いや、水商売以外はやりたくない。

　じゃあ、今度はキャバクラのオーナーになるんじゃないか。いや、絶対にやらへん。だって、オーナーは儲からへんもん。近くで見てきたからわかる。プレイヤーのほうが絶対に稼げるから。

　普通にキャバ嬢やったら、頑張れば月1千万ぐらいならすぐイケるんとちゃう。自分でお客さんを引っ張れるようになったらね。

　でも、同じ金額を経営側で稼ごうと思ったら、それこそ大変なんじゃないかな。細かいことをあれこれと考えるのは苦手。面倒くさい。だから、オーナーになるという選択肢はない。

　将来は、本当にまったくノープランやけど、とにかくセレブに生きていきたいな。そんだけ。

チャプター03 ◆ ナンバーワン営業術

「あれ、りょうの席で
モエがおりてるで」
って思われるほうが嫌

Ryo's word
33

　メディアに出てからは、"アルマンド姉さん"って呼ばれるようになった。お客さんも勝手にアルマンドを入れるようになったけど。

　まれによくわかっていないひとが安酒を頼もうとすることもある。

　そんなときは断る。安酒は飲まない。絶対に飲まない。

　味とかは、ぜんぜん飲めるんやけど。美味しいとか美味しくないとかそういう次元の話とちゃう。

　前に「モエしか飲めない」というお客さんが来て、私はシャンパンいらないって断った。だって、後輩やまわりのお客さんから「あれ、りょうの席でモエがおりてるで」って思われるほうが嫌。自分の席で安いシャンパンがおりてるのはカッコ悪いもん。そういう一見の客を大事にしようとは思っていないから。

　いかなるときも知り合いの前では"アルマンド姉さん"の門りょうを通さなければならない。だから、自分がほかの店に遊びに行ったり、地方のキャバクラに顔を出したときでもアルマンドを絶対におろすな。

◆ チャプター03 ◆ ナンバーワン営業術

飲みます。
たくさん出るから
そら飲まなアカン

Ryo's word

34

　北新地のお客さんはとにかくお酒を飲む。
　だから、飲みます。たくさん出るから、そら飲まなアカン。言ってしまえば、それが北新地のキャバ嬢の仕事やから。
　私、めちゃくちゃ酒強いんで。酔っぱらうとテンションも上がる。ひと晩でどんぐらい飲んでいたのかはっきりとした記憶がないから自分ではよくわからんけど、いままで潰れたことがない。
　ここでナンバーワンになるためには、酒の強さも絶対に関係していると思う。こんなに飲むのは全国でも北新地だけとちゃうかな。
　とはいえ、何年もずっとこの世界でトップを走り続けてきたから。だいぶお酒でノドも焼けましたね。
　これまで特に健康を気にしたこともなかったけど、去年の9月にはドクターストップかかってましたから。もう内臓が終わっていて、数値がガチでヤバかった（笑）。まあ、飲んでましたけど。

◆チャプター03◆ナンバーワン営業術

Column 3

りょうのテッパンフレーズ
「何本入れる」
「基本は敬語ですね」
「その話興味ない、わからん」の裏

• •

　門りょうといえば、オラ営（オラオラ営業）というイメージがあると思う。テレビに出演して「アルマンド姉さん」と呼ばれるようになってからは、特にそうだったかもしれない。

　お客さんが席に着くなり、テッパンのフレーズはこう。

「何本?」

　ボトルを何本入れるのか。わざわざ私を指名するということは、それが前提やろ。だから、単刀直入に聞いているだけ。

　たしかに、その表面だけを切り取れば、オラ営かもしれない。

　とはいえ、本当の私はちょっと違う。別にお客さんを見下しているわけとちゃう。「門りょう」が、さらに「アルマンド姉さん」になってからだから、ここ2年ぐらいの話かな。

これは、そもそも相手がメディアやインスタを見て、私のことを知っているから。期待されている「門りょう」の世界を魅せてあげているだけ。なにも知らないひとに対していきなりはやらへん。

　タメ語とかオラついた態度が基本だと思われているけど、ぜんぜんそんなことはなくて。最初はだれが相手でも敬語。たとえ、年下の20歳ぐらいの男性でも、お客さんはお客さんやから。

　きちんと敬意をもって接客する。
　当たり前のことを当たり前にやって、そのうえで「門りょう」のバブリーな世界を演出するねん。
　なにも知らないひとからは女王様みたいに思われている部分はあるけど、本気で仕事を頑張っている私を応援したい、ナンバーワンから落としたくないと思ってくれるお客さんがいて。
　そこで初めて成り立っているのが門りょうのオラ営ってわけ。
　だから、ちゃんと相手を見て、どこまでの発言が許さ

れるのか空気を読んで、選んでいたりもする。

　ちゃんとお客さんを立てているし、失礼なことは絶対に言わない。そりゃそうやろ。そもそも私自身は「昔からまったく変わっていない」と言われる。

　ほとんどのひとが常連でそう言ってくれているからね。本当にそうなんだと思う。

　たしかに、接客スタイルは昔とめっちゃ変わった。というか、お客さんが変わったから、勝手に変わったという感じ。

　CLUB MON（門）で有名になってからは忙しいと思われているからね。私に会えるだけでいいというお客さんもいるぐらいやから。

　ナンバーワンの私がフリーで入ったお客さんの席に着くことはない。全員が指名で来ているから、その限られた時間をいかに有効活用するか。ワンセット60分でも私は5分とか10分しか席に着けないわけですよ。それ以上いるためには延長するしかないんですけどね。

　もちろん、お客さんの優先順位としては金額順になる。アルマンドは店によって値段がちゃうけど、うちの

112

店では、一番安いゴールドで13万5千円、ロゼとレッドが27万円、グリーンとシルバーが34万円。私はシルバーが好きやった。高いからね（笑）。

そんなわけだから、最初にはっきりと「何本?」「何色?」って聞いちゃったほうがお互いのためでもある。

有名になってからは、実際に新規のお客さんでも「アルマンド姉さんやから、アルマンド入れるわ」って自発的にしてくれた。

まわりが勝手にそうしてくれるようになったから、昔と比べてだいぶラクになったけどね。

じつはオラ営って、ただエラそうにすることじゃないんですよ。ちゃんとイケそうな感覚があって、大丈夫そうなひとにノリでいく。

そのうえで、オラオラするんや。相手に媚びるわけでもない、気に入られようとも思わない。逆にそうなってしまったら「門りょう」は終わりやと思っていたからね。

だから、いろんなお客さんがいるなかで、ふられた話がわからないときはこう返す。

「その話、興味ない。わからん」

よくホストやキャバ嬢のマンガとかドラマでお客さんの話に対応するために新聞や週刊誌、ニュースを読み漁るみたいなのあるけど。

　まったくやらへんかった。そういうのは高級クラブちゃう?

　そもそも新規のお客さんといっても全国から会いに来てくれたファン以外はおらへんかったしね。

　基本的には以前から私のことを知っている既存のお客さん。まったく私のことを知らないひとにはつかなかったから。

　だから、私が接客中にスマホでLINEを返していたり、通話をしても「りょうちゃんだからいいよ」って許してもらえる。でも普通の子がやったらアカンでしょ。私のマネをしていきなりお客さんに対して「何本?」とか言っちゃうと、相手にキレられるでしょ(笑)。

　これは門りょうが崇拝されているからできることなんや。

　だから、こうして素のままで勝負してきたけど、どれだけオラついてもお客さんから怒られたことはいちどもない。

りょうのテッパンフレーズ
「何本入れる」
「基本は敬語ですね」
「その話興味ない、わからん」の裏

　門りょうが忙しく働いている事情を相手も理解してくれているし、私も常に全力でやってきたから。

　それに、ちゃんとボトルを入れてくれたら「ありがとう」って感謝の言葉も伝えてました。

　とはいえ、表面だけのイメージが切り取られてしまって。良くも悪くも、「門りょう」の名前が勝手にひとり歩きしちゃって戸惑うこともあった。

　私もテレビや雑誌とか、メディアに出て発信している以上は仕方がないことやと思っているし、別にSNSでのアンチとかもまったく気にせえへんけど。

　たしかに、プライドが異様に高くて、負けず嫌いな性格。誤解を受けることはあるけど、ストレートな言葉の裏には、相手を想う気持ちだったり、きちんと理由があることを知って欲しい。

　これが「門りょう」の本当の姿やと思う。

お金の使い方

How to use money.

夜の世界で成り上がれば、地位や名声だけではなく、お金まで手にすることができる。バースデーイベントで1億円以上も売り上げた経験がある門りょう。では、彼女にとってお金の価値とは。その意味とは、果たして──。

バーキンをふたつ
買ったんですよ。
1千ナンボ
するやつを

Ryo's word
35

バーキンとか、ほしいものを手に入れたときが一番幸せ。

アガります、生き甲斐。それがたまたま尋常じゃなく高いから、そのぶん満足感もデカい。百万のものをひとつ買ったところで、満足はしないじゃないですか。

それで、しばらくは満足しているんですけど……また出会ってしまうんですよね。自然と。

テレビの取材が来たときに、バーキンをふたつ買ったんですよ。1千ナンボするやつを。現金で。

私としては、ほしいものを手に入れることがライフワークやから。もともとブランド物が好きやし。そしたらめっちゃ反響があって。世間に「門りょう」のバブリーなイメージが植えつけられた。同時に「この子と飲むにはお金がかかるぞ」って（笑）。

以前から北新地では有名だったけど、全国からひとが来るようになった。お客さんにとっても私と飲むことがステータスになるからね。

チャプター04 ◆ お金の使い方

ご飯とか、
形に残らないものに
お金をつかうのが大嫌いで。
見栄っ張りだから

Ryo's word
36

　稼いだお金をどうするのか。

　私って、自分が身につけるブランドとかにはお金がつかえるけど。ご飯とか、形に残らないものにお金をつかうのが大嫌いで。とにかく見栄っ張りだから。

　そやけど、夜の世界ならではの義理とか人情にはどう返すのか。

　たとえば、北新地にはホストクラブはないけれど、ホストのお客さんもめっちゃ多い。水商売同士、持ちつ持たれつの関係にはある。

　来てくれはったホストのところには、私のお客さんを連れてアフターで行く。自分のお金ではなく、お客さんにつかってもらうんやけど。みんな企業の社長さんとか、めっちゃお金持ちなんで（笑）。

　ホストの売り上げも増える。社長さんも門りょうとのアフターならこんぐらいつかわなアカンって。全員の見栄がうまく共存する。

　そしたら後日、またホストも社長さんも来てくれるから。そうやって、だれも損しないようにまわっているんや。

◆チャプター04◆ お金の使い方

損得勘定で動いてしまう。
時間がもったいないとか
判断する

Ryo's word
37

　損得勘定で動いてしまう。なんでもそう。お客さんにしてもそう。

　たとえば、プライベートで1時間ご飯を食べに行ったとする。「忙しいのに時間を作ってくれてありがとう」「シャンパンもいつもより多く入れたろう」と思ってくれるようなひとだったら、ご飯を食べに行く価値があるけど。

　そうではないひとには、時間がもったいないとか判断する。私はぜんぶ損得勘定なんで。だから、好きな言葉は「時は金なり」かな。

　要するに、時間はお金と同じぐらい大事なものだから、無駄にしてはいけないってことでしょ。そのぶんだけ稼げたはずのお金が手に入らないのはもったいないって思ってしまう。

　日曜日は店休みやったけど。週6で働いて。休みの過ごし方は撮影とか買い物。それ以外は寝ていた。撮影はもちろん、買い物に行くと言っても仕事で身につける物だから。

　そう考えると、ほとんどお金のために生きてきたのかもしれんな。

◆チャプター04◆ お金の使い方

きちんと確定申告も
している、
27歳になってようやく
ブラックカードを
作れたんです

Ryo's word

38

両親とはめっちゃ仲がいい。お父さんも最初は水商売に反対していたけど、売れてからはぜんぜん応援してくれとる。

　だから、なにか恩返しがしたいと思って。

　27歳のとき、ブラックカードをプレゼントした。もっているだけでいろんな保険もついてくるから、お守り代わりになるかなって。

　国内だけじゃなく、海外とかでもVIP待遇が受けられたり。

　ブラックカードって、審査基準がいろいろあって。収入のほかに、年齢制限もある。私より稼いでいるひとでも、年齢が27歳になっていないと作れないから。

　私はきちんと確定申告もしているし、27歳になってようやくブラックカードを契約できた。それで家族カードを作ってあげて。

　もちろん、両親がつかったぶんのお金は私が払うことになるんですけど。「ぜんぜんつかっていいよ」って伝えているんですけど、まだ一度も請求書が届いていないので、つかっていないみたいね。

お金は幸せの素

Ryo's word

39

私にとって、お金とは……。幸せの素やな。

　あればあるだけいい。とはいえ、前に言われたことがあるのが、普通のひとって潜在意識のなかで「自分がこんなに稼いでいいのか」みたいにお金に対して引け目に感じたりもするの？　後ろめたさとか？

　なんで、理解できへん。意味がわからん。

　キャバ嬢をやっているのなら、やっぱり稼いでナンボ。他人よりも良いものを身につけるためにガッツリと働いて、大金を稼がせてもらって。ブランド物もそうだけど、美容とか整形もそう。

　なにもお客さんのためにそうしてきたわけじゃなくて、あくまで、自分が好きなことをとことん突き詰めた結果だけど。

　お金があれば、人生なんでも理想に近づけることができる。夢だって叶えることができる。たとえ100％は無理だとしても。

　だから、幸せになりたいなら、お金を稼ぐのが手っ取り早い。

◆チャプター04◆お金の使い方

買ったもの、もらったもの

　ほしいものを見つけて、そのために頑張って。
　買い物はキャバ嬢として働き続けるための活力にもなっていたな。私が選んで、身につけているものを見て、みんなが「りょう様すごい！」って言うわけなんやけど。
　じつは、選ぶ基準はシンプルやねん。

　高いもの。
　普通の女の子が簡単には買えない、もてないもの。

　見栄っ張りやからね（笑）。
　アクセサリーはハリー・ウィンストンがお気に入り。ほんで、いままで買ったやつの最高額はサンフラワーシリーズ3点セットで合計3千万円以上かな。
　ネックレスしかもっていなかったけど、引退記念に自分へのご褒美として最後のお給料で指輪とピアスもそろえて。
　指輪のセンターのダイヤモンドが指の幅からはみ出るぐらい大きい。私はハリーが大好きなんやけど、ほかにもリリークラスターシリーズの3点セット、時計とか合わせて8千万円以上。

ちなみに婚約指輪、結婚指輪もハリーなんやけど。

　私服はジャージばかりで毎日はオシャレしないのに、欲張ってバカでかいギラギラなダイヤを選んでしまって……。婚約指輪が2.5カラット、結婚指輪が4.63カラットもある。ジャージに合わないから普段使い用にシンプルなやつをもうひとつ買ってもらった。ようやく寝るときやパチンコのときでも使える。

　まあ、その結果、結婚指輪が3つ、婚約指輪まで入れると4つもあるという謎の状態に。旦那からは「左手の薬指は1本しかないよ」ってツッコまれたけどね（笑）。

　ヒールは、クリスチャン・ルブタンが合計50足以上はあるなあ。まあ、1足20万とかなんで、そんなにお金はかかっていないけど。

　世界で1個だけのフルオーダー品をもっている。「MON」の綾田社長からのプレゼントだから値段はわからんけど、全面がスワロフスキーでカスタムされとって、めっちゃキラキラしたやつ。

　大阪のルブタンでは史上初のオーダーやったらしい。

綾田社長には、結婚したときもお祝儀とは別に、エルメスのクロコのケリーをもらった。大切に使います!

　時計は、リシャールミルが2千万、オーデマピゲのフルダイヤが9百万、ハリーのフルダイヤが8百万って感じかな。

　バッグはエルメスのバーキン。

　私が世間的にブレイクするキッカケにもなった。バラエティ番組に出たときに現金で1千ナンボするやつを2つ買ったんですよね。

　ほんで「ぶっとんでるキャバ嬢がいる」って、知られるようになったから。もっているなかでレアなやつはパーソナルオーダー品が2つで、各4百万くらいずつ。

　さらにピンククロコが9百万、ヒマラヤが1千2百万。世界的にも品薄で入手困難なアイテム。なかなか手に入らないからこそ、手に入れたときの喜びは格別やわ。

　ほかは普通の生地のバーキンなんで150万とか安いの。

　お客さんやひとからもらったものはありすぎて、ここにはあげきれないけど。いままでお客さんからもらっ

Column 4

買ったもの、貰ったもの

たやつでいちばんすごいのは高級車のベントレー。

たぶん3千〜4千万ぐらいやと思う。

相手から3台の写真を見せられて、「選んで」って言われて。

見た目が良かったから選んだんだけど、それが、たまたま高いやつで。カギを渡されて、私も若かったから喜んだけど、さすがにコワくて自分では運転できなくて。

まあ、最終的には返したんですけどね。

メイクやコスメ道具も今はそこまでこだわりがなくて。シャネルとかも使っているけど、選ぶのは高いやつかな。美容部員をやっていたから、なんとなく感覚で良いやつもわかるし。

とりあえず、なんでも高いやつが間違いないって感じで(笑)。

Chapter 05

男と客の
さばき方

How to handle men & customers.

男と女の水商売。キャバ嬢として彼女はいかにして男や客をさばいてきたのか。職業柄、恋愛や色恋はつきものだ。ナンバーワンであれば、なおさらのことだろう。とはいえ、ときには"枕"さえもいとわなかったというが……。

ふれられるのが嫌だったん

Ryo's word
40

潔癖なんですよ、私。家に帰ったらすぐに手洗いをしないと気が済まないぐらいで。犬に菌がうつって病気になっても嫌だし。

　そのぐらい潔癖だから、最初に働いていた神戸のスナックでおっさんに手をふれられたときは、ほんまに無理やって思った。

　お客さんの煙草に火をつけるときなんて、そのぐらいはありえることやのに。それに、ぜんぜんヤラしい感じではなかったんよ。

　でも、当時はまだ18歳で若かったし。男のひとが苦手だったからなおさらね。席に座っているときに肩が少し当たったりするのもアカンかったぐらいやから。

　まあ、いまはその程度でピーピー騒いでいたらお客さんに対して失礼やと思うし、ぜんぜん大丈夫なんやけどね。

　とはいえ、嫌いなタイプを聞かれたら、やっぱり……キモイ、汚い、くさい男はありえへん。清潔感って大事。

◆チャプター05◆ 男と客のさばき方

そのひとが「私を作ったひと」

Ryo's word
41

新地に来るまでの18歳から23歳まで神戸の三宮で
キャバ嬢をやっていた。本格的にキャバクラで働きは
じめたのはそこが最初。

　知り合いがオープンした新店で、誘われたからなん
となく入ったんやけど。そのひとが、顔合わせのミーティ
ングで未経験だった私をいきなり「この子がナンバー
ワン候補やから」って、紹介してくれたことをいまでも
はっきりと覚えておる。

　なんでかわからんけど、見抜いていたのかな。その
ひとがこの世界に引き込んでくれなかったら、現在の
自分はなかった。

　そのひとはお父さんと旧知の仲で。当初は、私が水
商売をやることを反対していたお父さんも「あいつの
店やし、なんかあっても」ということで許してくれたんよ。

　そこで働いていた約5年間で夜のイロハを学んだと
ころがあるから。本当に感謝している。

　だから、そのひとが「私を作ったひと」。

◆チャプター05◆　男と客のさばき方

枕もぜんぜんしてましたね

「CLUB MON」に入る前は、店では売れていても一般的には有名でもなんでもなかった。まわりから崇拝もされてへんから、いまと違って、お客さんから普通に口説かれたり。

"色"……、ときには色営業をせなあかんかった。やっぱり、一度ナンバーワンになってしまうと、そこから落ちられへんから。

売り上げのためなら、つき合っているフリだったり、食事に行ったり、枕もぜんぜんしてましたね。

だれもいまの「門りょう」が抱けるとは思っていないやろ。なんぼカネつかわないとアカンのやろうって。みんなが勝手にそう思ってくれていたから、圧倒的に仕事がやりやすかった。

たとえば、芸能人に会って「今日抱かせてよ」って、口説いても無理じゃないですか。それと同じ。

当時は、「ただのりょう」やったから。ほかのひとには弱みなんて絶対に見せなかったけど、たくさん苦労はあったな。

迷ったらリスクは
とりにいく
3百〜4百万ぐらい
だったと思う。
ひと晩でつかってくれたら、
まあ、その日はええよと

Ryo's word
43

私が「ただのりょう」だった頃は、お客さんも休みの日に誘ってきて、遊ばなかったら指名を外すとか。そんなんばっかりやったから。もちろん、枕をする相手は選んでいたけど。枕をしなかったことで、店に来なくなってしまったお客さんもおった。
　枕は3百〜4百万ぐらいだったと思う。ひと晩でつかってくれたら、まあ、その日はええよと。
　いろんなリスクがあることはわかっている。でも、迷ったらリスクはとりにいくようにしていた。私も切羽詰まっていたから、ここでいかなしゃあないって。割り切っていた。
　神戸時代は枕なんてしたことがなかったのに。当時は少しスレていたんでしょうね。北新地に出て来て、いきなりナンバーワンになって。絶対に落ちたくなくて。地位を守り続けるためにはそのぐらいやらなって。たぶん、ほかの店のナンバーワンもみんなしていたんとちゃうかな。言わんだけで。

◆チャプター05◆　男と客のさばき方

イケると思わせておいて、
いかせないという

Ryo's word
44

北新地でお客さんから需要があるキャバ嬢はどんな
タイプか?

　まずは、きれいで憧れられる存在。北新地は高級店
がそろうおとなの街だから、当然やな。私は、手が届か
へんと思わせて、門りょうというブランドイメージを突
き詰めたから。まさに、高嶺の花。

　一方で、ちょっとバカそうで軽そうな女の子も人気が
出る。

　男からしたら、そっちのほうが口説いたら成功しそう
やんか。お金をつぎ込んでもらいやすい。

　でも、実際はイケると思わせておいて、いかせない
という。

　水商売の世界には「やらずぼったくり」という有名な
言葉もあって。そういう子たちが人気になるのもめっちゃ
わかる。

　私みたいな高嶺の花には目指してもなかなかなれへ
んから。

　だから、どっちでいくのが簡単かって聞かれたら、後
者のほうがだれでもマネできるから、売れる近道なんじゃ
ないかな。

◆チャプター05◆　男と客のさばき方

さわりかえしますね、
ノリで。
さわられた場所を

Ryo's word

45

キャバクラには日々いろんなお客さんがいて、疑似恋愛をしに来るわけだから。行儀の良いひとばかりではない。なかにはタチが悪い男もおるよな。相手もお酒を飲んで楽しくなっちゃってるし、こっちをたんなるキャバ嬢として見てくるから。そんぐらいええやろって、おさわりしてくる男もおる。

　前は、ちょっと男からさわられたぐらいでもほんまに無理やった。笑っちゃうぐらい男が苦手やったけど。

　それでも我慢してた。そのままさわらしてた。

　たくさんの経験を通して、徐々に慣れていったんやけど。

　まあ、「門りょう」になってからは、本気でさわってくるような無礼なお客さんはおらんかったけど。

　たとえば、いまだったらお客さんにおさわりされたら、どうするのかって?

　さわりかえしますね、ノリで。さわられた場所を。

◆チャプター05◆　男と客のさばき方

［イケてない男の条件］
自分にお金をかけるひとってケチ。飲み方も汚いひとが多い

［いい男の条件］
突き抜けた一流は地味。自分に物欲がない男

新地って独特で。全身ハイブランドのスーツにギラギラの高級時計をつけて「超イキってます」みたいな男が多いんですよ。一般的には、それがお金持ちとか成功者の証なのかもしれん。

　じつは、自分にお金をかけるひとってケチ。飲み方も汚いひとが多い。安いシャンパンを本数入れたり、派手に見せたがるんですよね。「こんだけシャンパン入れてる俺、すげえだろ」って。でも本当は、見栄を張っているだけで、たいしたことない小物が多い。

　だから、逆なんですよね。本当に突き抜けた一流の大物って。ほんまに地味。自分にまったく物欲がない。ネックレスも香水もつけていない。自己顕示欲もなくて、他人に見せびらかすことを好まないから絶対にVIPルームで飲む。私の旦那やエースのお客さんがそう。

　結局、ギラギラのひとって自分のためにシャンパンをおろしているんですよ。まわりに自分がカッコつけるために。

　店の売り上げになるからええけど（笑）。

（彼氏とのつき合いは）
自分にとってなにが一番
大事かってことなんよ

Ryo's word
47

キャバ嬢やからって、別に彼氏はいてもええ。

　それで女が磨かれる部分もなきにしもあらずやから。

　とはいえ、お客さんと連絡をとったり、同伴やアフターとか、店外で会う機会も多い。それも重要な仕事のうちや。

　ナンバーワンとかランクに入りたいなら、仕事に対して理解があって、なにも言わない男のほうがいいとは思う。

　実際、つき合ってみると口を出してくるヤツがほとんど。私も過去に元カレから何度もごちゃごちゃ言われてきた。でも、一回も言うことを聞いたことがない。

　だから、もしも束縛するような彼氏でも言うことを聞かなかったらええんとちゃうか?

　要するに、自分にとってなにが一番大事かってことなんよ。私にとっては、男よりも仕事のほうが大事やったから。

　そう、なによりも。

なんも計算とか
しないですもん

Ryo's word
48

細かい駆け引きとかめんどくさい。自然体でいたほうがうまくいく。ぶっちゃけ、なんも計算とかしないですもん。

　こういう仕草をしたら男にモテるだろうなとか、こう言ってあげたら喜ぶだろうなとか。まったく考えへん。

　なにも狙っていないのに、まわりがウケるから不思議。

　お客さんの育て方にもコツとかあるんやろうけど。男の見栄やプライドの部分をくすぐって引き出すとか。

　でも自分の感覚でやっているから具体的には説明しにくい。

　たとえ、相手になにか趣味があるとして、その勉強をしたり、話を合わせようとかも思わへん。私は私でいいと思っているから。

　昔は席についた全員と連絡先を交換していて。ありのままの私をおもしろがってくれたひとたちが、そのままお客さんでいてくれて。

　ほんまに恵まれていると思うけど、私もそのお客さんたちをずっと大事にしてきたって感じかな。

チャプター05 ◆ 男と客のさばき方

言わせるかな。
言ってきたのがいまの旦那

Ryo's word
49

もしもだれかを好きになったら。

まあ、自分からは言わへんよ。言わせるかな。

そもそも夜の世界でこんなに稼ぐ「門りょう」とつき合えるとは普通のひとは思っていなかったみたいで。だれも「好き」と言ってこなかったから。

そんななかで、コワいもの知らずで挑んできたのがいまの旦那。

果たして勇者なのか、それともアホなのか（笑）。旦那よりもお金をもっているお客さんはいっぱいおったけど。

「好きだから夜あがってほしい」

門りょうを水揚げしようなんて、よっぽど自信があるんやろうなって。最初はずっと断っていたけど。ただ、私もいつまでも夜職を続けられるとは思っていなかったから。

そして、結婚していまに至るわけ。

絶対にカネ。
将来性はどうだっていいと
思っていたけど……

Ryo's word
50

ひとそれぞれ、男を選ぶ基準ってあると思う。ルックス、お金、仕事、将来性、セックス。そのどれを重視するのかって?

　昔は絶対にカネだったな。将来性とか曖昧なものはどうだっていいと思っていた。考えてもしゃあないやん。だれもなにがどうなるのかなんて未来のことはわからんから。その男に「いまお金がある」ってことがいちばん。とか言いつつ、やっぱり顔も大事か。たとえ、なんぼお金をもっていたとしても、キモイ、汚い、くさいおっさんは無理や。なんども言うけど。ほんで、いままでつき合ってきたのは年下ばっかりなんですよ。若くてカッコいい。タメもおらんな。

　彼らとは、なんだかんだで最後はお金がなくなって別れるパターンだったけど。最近は考えが変わりつつもある。もちろん、いまの旦那もじゅうぶんにお金で満足させてくれる。とはいえ、彼以上のお金持ちもお客さんでいっぱい出会ってきたけど。お金がすべてじゃないって気づいたのは彼、だから、いまの旦那に決めたんやけどね。

◆チャプター05◆　男と客のさばき方

嫌やったら別れろっていう

Ryo's word

51

そもそも私が恋愛をうまくなろうとかテクニックがど
うたらみたいなのを考えたことがない。

　彼氏がいる状態でほかのお客さんとうまくつき合っ
ていけるのか。もしも私の仕事に対して彼氏からとや
かく首を突っ込まれたらどうするのか。基本的には無
視するんやけど、極論はシンプル。

　嫌やったら別れろっていう。

　私、男のひとにすがったことがないんですよね。自
分の力で生きていけるから。その彼氏がいなくなったっ
て困らない。

　彼氏の前でもこのままのキャラやねん。強がりとか
ではなく、昔からずっとこれ。

　好きならおったらええ、嫌なら別れろ。

　それでええんとちゃう？　だから、まず恋愛で病むこ
とがないんよ。たぶん、いまの旦那も私が泣いている
ところなんて1回も見たことがないと思う。

フラれたことあるよ。
でも、だれにフラれたか
覚えていない

Ryo's word

52

たしかに、キャバ嬢やってたら、色恋のひとつやふた
つは日常茶飯事なのはわかる。男と女の水商売やから。
　ときにはフラれてしまったり。私もいろんな経験を
経て、いまの旦那と出会って結婚したわけだけど。
「ところで、りょうさんは過去に失恋したことありますか?」
　いや、フラれたことあるよ。あるある。たぶん。でも
だれにフラれたのか覚えていない(笑)。
　ちゃんと本気で好きになってつき合っていたと思うし、
結婚も考えていたはずなんだけど……。
　出ていけって言われて、出ていったら終わってたとか
そんな感じ?　まあ、仕事に本気で打ち込んでいたから。
お客さんの相手もせなアカン。これまでめまぐるしい
日々を過ごしていたし、細かいことなんて気にしない
タイプだから。
　要するに、フラれてもすぐに切り替えなアカンってこ
とで。

◆チャプター05◆　男と客のさばき方

というか、不倫ばっかり

Ryo's word
53

　いままで私がどんな恋愛をしてきたのか。

　不倫だってしていた。というか、不倫ばっかり。おっさんと不倫ばっかりしてきたから年下が好きになったんやけどね。別に後ろめたさもなかった。自分から言い寄ったわけちゃうもん。向こうから好き好き言われたからつき合っただけ。自らすすんで茨の道を歩もうと思ったわけじゃない。

　奥さんと別れてほしいとか一度も思ったことないけど。相手の奥さんがうちの住んでいるマンションまで来て修羅場になった。ピンポン押されて、こっちはカメラで相手の顔が見えているんやけど。

　鬼の形相で立っていたわ。ドアの向こうで騒いでいて「うっさい!」って。警察に来てもらったんだけど、ドアがボコボコになってたわ(笑)。

　なんでバレたのか。浮気を疑った奥さんが関係者にカネを握らせっぽい。ぜんぶチクられていた。そりゃ、不倫はトラブルだらけ。

◆チャプター05◆　男と客のさばき方

いらんことは知りたくない。否定しろって男には言う

まわりの女の子たちを見ていると、彼氏の携帯を見たり、ソクバッキーな子も多い。考えられへん。自分が嫌な思いをするだけやん。いらんことは知りたくない。たとえ、男が浮気をしているかもしれないと思っても。

　知ったら、別れるなり、なにかの事態が起こる。それならば、いまのままでええやん。真実を突きとめたところでイラつくだけやし、必ずマイナスな方向にいくやんか。

　だから、私がちょけて（ふざけて）「おまえ浮気してるやろ?」って聞いてきたとしても否定しろって、男には言う。絶対に認めるな、どんな言いわけを使ってもいいから。私はそれでいいからって。

　私だけを見て、とかは思わない。男からは、つき合うのめっちゃラクって言われる。そんだけ自由やねんから。

　もしも本当に浮気をしてほかの女のところに行っていたとしても、最後はみんな、私のもとに帰ってきたからね。

セックス好きじゃないもん

Ryo's word

55

　恋愛とカラダの関係。まあ、別物やと思う。
　昔はナンバーワンを維持するために、色や枕だってしていたことはすでに言った通りやけど。ただ、勘違いはしないでほしい。
　セックス好きじゃないもん。
　いわゆるセフレみたいなのは、いままでだれもおらん。だから快楽のためではなく、あくまで営業のひとつとして。
　そういう誘いもたくさんあった。でも安い女には見られたくない。しょうもない客とは絶対に寝なかった。
　お金をもっている太客のほうから。それも、その日きっちりと店で大金をつかってくれたときだけやった。
　多くのキャバ嬢が消えていくなかで、ナンバーワンとして夜の世界で生き抜くために。厳しい現実もある。きれいごとだけでは済まない。だから、私は事実として別に隠さへんけど。
　だれも好きこのんでセックスしていたわけちゃう。

◆チャプター05◆　男と客のさばき方

Column 5

門りょうの 引き際の美学

9年間。夜の世界でずっとナンバーワンを通してきた。

19歳の頃、未経験だったのに2か月目でナンバーワンになった。北新地に出て来てから「それじゃ通用せえへん」と言われたのが悔しくて、あえて自分を貫いた。そして、ナンバーワンを奪い取った。それからずっと追われる立場。まあ、だれかの背中が見えていたほうがひとって安心するし、ラクだと思うけど。

ナンバーワン、ナンバーワン……。

ぶっちゃけ、落ちるのは簡単や。それでも自分のプライドにこだわり続けて、なんとか必死に守り抜いてきた。

もちろん、お客さんや店のサポートがあって、ここまで来れたと思っている。ただのキャバ嬢でしかなかった「りょう」が、こうして「門りょう」になれたんやから。その道のりは平坦ではなかったけどね。毎日いろいろありすぎて、目の前のことに全力を尽くしてきたから、自分でも細かいことはよく覚えてないぐらいやけど（笑）。

高級シャンパンのアルマンドが私の代名詞。世間から

「アルマンド姉さん」と呼ばれて、おろした本数が日本一にもなった。目に見える形で日本でもナンバーワンになれた証やと思う。

わざわざニューヨーク本社から社長のセバスチャンが表彰に来てくれて。個人が表彰されるのは世界でも初めての快挙やった。何本だか限定のチビマンドもお土産にもらった。

テレビや雑誌などのメディアにも取材されるようになって、この世界だけではなく、知られた存在になれた。

でも、いつからやろう。引き際を考えはじめたのは。自分がいちばん輝いたときに、輝いた状態のまま、この世界を去りたい。

本当に「門りょう」としていられる日々が幸せやった。だれにもマネできない自分だけの道を極めたと思う。

この仕事は天職やったから、嫌になったことは一度もない。とはいえ、時は金なり。キャバ嬢は長く続けられるものではない……。

夜の仕事をいつか辞めなアカンという意識はあった

んよ。

　実際問題として、カラダのこともある。だれよりも飲んでいたし、私も無理をしてしまう性格やから。

　体調が悪くても出勤していたし、売り上げになると思ったら、しんどいときでも絶対に飲んだ。そういう性格やねん。昔から。

　ただ、どこが天井かわからないじゃないですか。キャバ嬢って。でもナンバーワンから下がるのだけは絶対に嫌で。

　だから、いちばんの理由はプライド。

　山口百恵といっしょ。頂点を極めて、ナンバーワンのまま引退するという……。

　ここ1年半ぐらい前からはずっと思っていたかな。伝説のまま、伝説で終わるにはどうしたらいいのか。

　2016年の6月やったかな。じつは辞めると言っていたんですよ。店とも話し合っていて。でも、コレというキッカケがなくて。そのときは、単純に「売れているときに辞めたい」という意志で。

Column 5
門りょうの
引き際の美学

　店としては、「続けてほしい」と引き止めてくれる。
　私もすごいお世話になったから、もうちょい頑張ります、来年10月のバースデーまではやりますって。
　そのまま走り続けていたんやけど、いまの旦那と結婚ということにもなったから、ちょうどいいキッカケだなと。
　店側も納得してくれて、それならしゃあないと。自分自身でも踏ん切りがついた。とはいえ、自分なりのケジメでもあるし、最後にもうひとつ伝説を残してやろうと考えた。
　だから、だいぶ前から「1億売ります」って宣言して。
　最後の最後まで妥協はしない。言ってしまえば、いくための努力をするやんか。目標を達成するために。まわりのひとたちにも具体的に「ナンボつかってほしい」って伝えていた。
　もう自分のプライドとの戦いや。言ったからには絶対に実現する。それが「門りょう」やからね。

　10月10日から14日までの5日間。ついにラストバースデーを迎えた。正直、こんなにも後ろ髪を引かれる

思いで辞めるとは自分でも思っていなかった。相当な覚悟と決断で引退を決めたはずなのに、やっぱり寂しかった。

引退を発表してから、急いで会いに来てくれたお客さん。わざわざ地方からも多くのひとが来てくれた。そして、みんなが当たり前のようにアルマンドを入れてくれた。本心を言えば、「辞める女にカネつかいたくない」って思われるかな……という不安もあったけど、だれひとりそんなこと言わずに、最後は盛大にお見送りしてもらえた。

ラストバースデーは、恐縮な気持ちとうれしさでいっぱいやった。どこまで恵まれているんやろうって。涙が止まらなかった。

いろんなことがあったけど、本当に悔いなく終わることができた。

いままで「門りょう」でいさせてくれてありがとう。

2017年10月10日〜14日「LAST 聖誕祭」より

Column 5
門りょうの
引き際の美学

りょうから女の子への

message

　この本を読んでくれたのはほとんどが女の子やと思う。

　それも全国のいまを生きているキャバ嬢たちかな。私の例は特殊だと思うし、参考になったのかどうかはわからない。

　でも、自分で言うのもなんやけど、情にはアツいし、人間味はあると思うんですよね、私。世間から思われるツンケンしたイメージとは少し違って。

　そして最後は、お金がいちばんやった私がプライドを優先して。そのプライドを理解してくれたひとたちが、幕引きまでつき合ってくれて。いろんなひとたちと協力し合ってきた結果が、いまにつながっている。本当に最高のキャバ嬢人生やったと思う。

　これからのキャバ嬢たちに改めて言いたいのは、席でお客さんを楽しませるどうこうの前に、まずは自分が楽しむこと。

私もお酒をいっぱい飲んで、その力を借りてきた。仕事とか義務みたいなものを考えすぎたら、そりゃ、しんどくなるでしょ。

　だから、楽しくやったらええ。好きにやったらええ。

　毎日が素晴らしいものになる。そしたらきっと、キャバ嬢の自分を好きになれると思う。

　キャバ嬢だったら、夢とか目標だってぜんぶ叶えられる。

　普通の昼職だって髪型やメイク、オシャレもできるんだろうけど、うちらはお金までもらえるわけやから。

　ひとから憧れられるようなジュエリーやドレスだって買える。そんな仕事は探したってキャバ嬢しかないから。

　でも、そのぶん寿命は短い。若いうちだけや。これは夜職なら当然の現実やから。時間に抗うことはできない。

　時は金なり。私は、とにかく負けず嫌いでナンバーワンにこだわり続けたけど、いまこの瞬間を適当に過ごしていたらアカン。

　真剣にやらへんともったいないから。すぐに諦めた

りサボったりしないで、ストイックに頑張ってほしい。

　もちろん、楽しみながらね。

　正解なんてないと思う。

　そのときに自分で選んだことがすべてや。

　この仕事をやっていたおかげで、なによりたくさんの良い出会いがあった。この道に引き込んでくれた神戸の店のオーナーにはじまって、エースグループの綾田社長やスタッフ、北新地でも支え続けてくれたお客さんたち。そして、私と結婚した旦那……。

　すべてのひとに感謝を伝えたい。

　こうして自叙っぽいことを書いたけど、私はまだ20代。この先の人生のほうが長い。

　とはいえ、今後については完全にノープラン。まあ、セレブに生きていきたいってだけ。寂しいけど、夜の世界に戻ってくることは絶対にない。

　でも、どんなことがあっても幸せをつかみにいくから。いままでそうしてきたように……。

　最後まで読んでくれてありがとう。門りょうの物語は始まったばかり。これからもノリと直感で生きていく。

門 りょう

ぶっちゃけ、なれるよ。
なんでもやったらね。
自分の力で、絶対に幸せを
つかみにいく。
　　　　門 りょう

北新地の
門りょう
ナンバーワンキャバ嬢の
仕事とお金と男のホンネ

2018年4月18日　初版第1刷発行

門りょう（もん・りょう）

伝説の元キャバ嬢。1989年10月15日生まれ。神戸でのデビュー以来、大阪・北新地のキャバクラ「CLUB MON」をはじめ、9年間ナンバーワンを守り続けて数多くの伝説を残した。「北新地の門という店のりょうというキャバ嬢がすごいらしい」という噂は日本全国に広がり、店の名前の門から転じて門りょうと言われる。また、"アルマンド姉さん"の異名を持ち、高級シャンパンのアルマンドを日本一おろして個人表彰された。2017年、ラストバースデーでは1億円以上の売り上げを公言し、記録したが、10月14日に惜しまれつつも引退。セレクトショップ「LiLLion」のオーナーでもある。

撮影	阿部健太郎、PHOTO_ATOM（P.16）
ヘアメイク	山崎由里子
スタイリング	宮本愛子
取材協力	吉田周平、福島寛士、松山潤（リグラフィティ）、佐野ライラ
編集協力	藤井敦年
デザイン	井上将之、鈴木時世、長嶺悟（miamigraphixx）
編集	喜多 布由子
営業	斎藤弘光

著者	門りょう
発行人	佐野 裕
発行	トランスワールドジャパン株式会社
	〒150-0001 東京都渋谷区神宮前6-34-15 モンターナビル
	Tel: 03-5778-8599
	Fax:03-5778-8743

印刷・製本	中央精版印刷株式会社

Printed in Japan
© Mon Ryo, Transworld Japan Inc. 2018

定価はカバーに表示されています。
本書の全部または一部を、著作権法で認められた範囲を超えて
無断で複写、複製、転載、あるいはデジタル化を禁じます。
乱丁・落丁本は小社送料負担にてお取り替え致します。
ISBN 978-4-86256-233-3